내 안에 꽃으로 핀 그대

윤보영시인학교 10인의 합창

내 안에 꽃으로 핀 그대

펴낸날	초판 1쇄 2023년 5월 1일
지은이	김선규 김순복 김순화 박상아 선상규 이미경 조 순 주지원 최현아 홍유경
펴낸이	서용순
펴낸곳	이지출판
출판등록	1997년 9월 10일
등록번호	제300-2005-156호
주소	03131 서울시 종로구 율곡로6길 36 월드오피스텔 903호
대표전화	02-743-7661 팩스 02-743-7621
이메일	easy7661@naver.com
인쇄	ICAN
물류	(주)비앤북스

ⓒ 2023 김선규 외 9인

값 12,000원

ISBN 979-11-5555-200-1 03810

※ 잘못 만들어진 책은 교환해 드립니다.

윤보영시인학교 10인의 합창

내 안에 꽃으로 핀 그대

김선규　김순복
김순화　박상아
선상규　이미경
조　순　주지원
최현아　홍유경

이지출판

●● 추천의 글

또 하나의 역사가 탄생했다. 시를 좋아하고 직접 써 보고도 싶지만, 자신이 없다는 사람들이 모여 '감성시 쓰기 공부'를 시작했고, 드디어 공저시집을 발간하게 되었다. 이 시집 속에는 작가들의 일상이 담겨 있다.

각기 다른 지역에 살면서 다른 일, 다른 환경에서 생활하는 시인들의 일상이 감성시를 만나 감동을 만들었다. 시를 메모할 때 처음부터 꾸밈없이 전개하고 마지막에 독자가 주인공이 될 수 있게 생각을 넣어 달라고 부탁했는데, 모두 잘 따라주었다.

낮에는 일하고, 밤 9시부터 한 시간 동안 첨삭지도 중심의 온라인 수업이 진행되는 동안 모두 진지한 마음으로 시를 만났고 한결같이 행복해했다.

그렇다. 이처럼 누가 먼저 용기를 내느냐가 시인이 되는 것은 물론 시집까지 발간하는 주인공이 될 수 있다.

다시 한번 시를 배울 기회를 만들어 주신 (주)한국강사교육진흥원 김순복 원장님과 원고 편집을 맡아 준 김선규 시인님을 비롯한 아홉 분의 시인님, 출판을 도와주신 이지출판 서용순 대표님께도 감사드린다.

앞으로 시인들이 우리나라 최고의 감성시인이 되는 그날까지 함께할 것을 약속드린다.

커피시인 윤 보 영

●● **책머리에**

 (주)한국강사교육진흥원에서 윤보영시인학교를 개설해 10기가 되기까지 좋은 분들과 만나 첨삭지도를 받으며 공부하는 목요일이 늘 기다려졌다. 같은 시제지만 '오늘은 어떤 시어들이 쏟아져 나올까?' 궁금하기도 하고 기대감이 앞섰다.

 챗GPT가 나오고 AI의 등장으로 인간보다 빠른 속도로 대량의 데이터를 정확하게 처리해 주며, 그림을 그려주고 영상도 만들어 주는 시대가 왔다. 하지만, 아무리 시대가 발전해 가고 있다 하더라도 우리 인간의 따뜻한 감성을 따라오진 못한다.

 (주)한국강사교육진흥원에서는 윤보영 시인의 헌신적인 재능기부 첨삭지도 덕분에 가슴 촉촉한 감성으로

독자들과 공감대를 형성하는 많은 감성시인이 탄생해 세상을 아름답게 물들여 가고 있다.

 사람들의 얼굴은 마음의 창이며 내면의 통로다. 10인의 감성시인이 만들어 낸 이 책 『내 안에 꽃으로 핀 그대』를 손에 든 독자들의 얼굴이 늘 화사한 봄날이길 바란다.

2023년 꽃이 예쁘게 핀 봄날에
(주)한국강사교육진흥원장 김 순 복

차례

추천의 글_ 윤보영 ···4

책머리에_ 김순복 ···6

김선규

느낌표! ···18

아버지의 수첩 ···19

휴대전화 ···20

빨간 넥타이 ···21

자물쇠 ···22

낚시 ···23

고구마 ···24

가로수 ···25

잔소리 ···26

의자 ···27

햇살 ···28

등대 ···29

김순복

우산 ···32

소풍 ···33

김치와 그대 ···34

마침표 ···35

매화 ···36

까치 ···37

장미 ···38

풍선 ···39

느낌표 ···40

핑계 ···41

주머니 ···42

텃밭 ···43

초대시_ 윤보영 ⋯13
공저시집을 내며 ⋯156

김순화

커피 ⋯46
물병 ⋯47
그릇 ⋯48
창고 ⋯49
고속도로 ⋯50
선물 ⋯51
웃음 ⋯52
사진 ⋯53
누룽지 ⋯54
잔소리 ⋯55
비누 ⋯56
배 ⋯57

박상아

토끼 ⋯60
난로 ⋯61
등불 ⋯62
시계 ⋯63
겨울비 ⋯64
입춘 ⋯65
보름달 ⋯66
만남 ⋯67
조약돌 ⋯68
공원 ⋯69
친구 ⋯70
꽃씨 ⋯71

선상규

몽돌 … 74

눈사람 … 75

유통기한 … 76

커피 … 77

별사람 … 78

밤 … 79

봄맞이 … 80

봄날 … 81

조화 … 82

텃밭 … 83

생일 … 84

봄꽃 … 85

이미경

창고 … 88

아파트 … 89

네 잎 클로버 … 90

딸의 꿈 … 91

양파 … 92

첫사랑 … 93

사랑나무 … 94

놀이터 … 95

재활용 … 96

신호등 … 97

이상한 안경 … 98

아빠의 모자 … 99

조 순

꿈 ⋯102

보름달 ⋯103

오솔길 ⋯104

구멍 난 양말 ⋯105

꽃씨 ⋯106

항구 ⋯107

겨울나무 ⋯108

모자 ⋯109

갈대 ⋯110

조약돌 ⋯111

지평선 ⋯112

동굴 ⋯113

주지원

콩깍지 ⋯116

친정아버지 ⋯117

나만의 휴일 ⋯118

아침 출근 시간 ⋯119

고백 ⋯120

황사와 안개 ⋯121

핑계 ⋯122

성형외과 ⋯123

첫사랑 ⋯124

다이어트 체중계 ⋯125

샛바람소리길 ⋯126

사량도 여행 ⋯127

최현아

대나무 ···130

느낌표 ···131

사랑 자석 ···132

꽃밭 ···133

화분 ···134

자전거 ···135

당구 ···136

고무장갑 ···137

사랑 ···138

항아리 ···139

은행나무 ···140

참기름 ···141

홍유경

눈 ···144

토끼 ···145

자라는 중 ···146

파스타 ···147

카멜레온 ···148

비타민 ···149

연애 ···150

보름달 ···151

정답 ···152

케이크 ···153

행복한 걱정 ···154

스위치 ···155

초대시 **윤보영**

꽃구경

꽃구경 다녀왔다 했지요?
그럼 꽃을 구경할 때
웃는 꽃을 보았겠네요

제가 당신보다 먼저 달려가
꽃으로 피었다가
따라다니며 웃었거든요

대전일보 신춘문예 동시 당선(2009)
《세상에 그저 피는 꽃은 없다 사랑처럼》 등 시집 20권 발간
'윤보영 시인의 감성시 쓰기 공식 10'으로 전국 순회 시쓰기 특강
'윤보영 동시 전국 어린이 낭송대회' 개최
춘천, 성남, 경기도 광주 등에 '윤보영 시가 있는 길' 조성

콩깍지

콩깍지가 씌면
보이는 게 없다고 했지요
그대 생각 가득한 나는
콩깍지가 아니라
콩밭입니다

풍경

처마 끝 풍경에
그대 생각을 달았다가
혼났습니다

그립다
그립다
밤새 울려서
기분 좋아 혼났습니다

김선규

중앙대학교 산업디자인학과 석사
LG전자(주) 디자인경영센터 제품디자이너(전문위원)
대한민국 디자인전람회 초대디자이너
대한민국 우수디자인 대통령상 2회 수상
대한민국 디자인전람회 심사위원장
세계 3대 디자인 어워드 석권(독일 IF, reddot, 미국 IDEA)
(주)한국강사교육진흥원 정회원
문학고을 선집 제9집 봄(공저)
문학고을 2023. Vol. 봄(공저)
서울시 고등학교 디자인 교과서(공저)
『발견은 기쁨이다』(공저)
노근리 디카시 공모전 동상
문학고을 시부문 신인문학상

느낌표!

삶의 종착역은
물음표일까?
느낌표일까?

내 안의 물음표를
느낌표로 바꿔 낼
용기만 있다면
절망 끝에서도
희망의 꽃을 피울 수 있다

그 희망
우리 일상에도 있다

아버지의 수첩

책장 안 작은 상자
아버지의 유품
'밤색 다이어리'

이 세상 단 하나뿐인
베스트셀러

손때 묻은 겉표지
아버지의 그리움
가득 묻어나고

빼곡히 적힌 속지
아버지의 가족 사랑
켜켜이 녹아 있다

그리운 아버지!

휴대전화

추모 기일!
엄마가 사용하시던
휴대전화를 꺼냅니다

접이식 하얀색 전화기
생전에 드린 마지막 선물입니다

전원 버튼을 누르면
액정 화면에
엄마와 어깨동무한 사진이 나옵니다

전화벨이 울립니다
가슴이 울립니다

천국에서 걸려 온
엄마 전화입니다

빨간 넥타이

찬 바람 부는 겨울밤
형의 둘째 딸
조카가 찾아왔습니다

"작은 아빠!
이 빨간 넥타이 매시고
제 결혼식장 와 주시면 좋겠어요."

아빠의 빈자리를 채워 달라는
조카의 간절함이 느껴집니다

빨간 넥타이 내밀며
꼭 와 달라는
애틋한 목소리는
딸이 아빠를 부르는
사부곡으로 들립니다

밤하늘에 수놓은 별들 중
가장 반짝이는 별은
형의 웃는 얼굴입니다

자물쇠

형형색색 송이송이
무지개를 품은
남산 자물쇠
잘 익은
포도알처럼 탐스럽다

우리 사랑 달아날까
우리 인연 멀어질까
꽁꽁 묶어야겠다

달아 놓은 자물쇠가
남산을 지키듯
내 그리움을 지킬 수 있게
그대 생각을
내 안에
먼저 달아야겠다

낚시

주말 아침,
낚시를 간다는 아들!

출발 전부터
마냥 신났습니다

늦은 밤 현관문이 열리고
들어오는 아들 멋쩍은 표정!

물고기 한 마리 잡지 못하고
돌아온 얼굴에
미소가 잔잔합니다

행복만 가득
낚아 왔나 봅니다

고구마

엄마의 식탁 위에
항상 올려져 있는 고구마

부드러움과 달콤한 맛
어떤 음식과도 비교할 수 없습니다

엄마와 마주 보며
한 개씩 먹다 보면
행복한 미소가 번지곤 했습니다

고구마를 볼 때마다
엄마 모습이 떠올라
목이 멥니다

가로수

끝없이 걷는 나에게
그늘을 내어주는 가로수

나무 사이 햇살과
바람에 흔들리는 잎사귀
모두 반갑습니다

바쁜 일상에서 벗어나
가로수 아래 달콤한 휴식은
바쁜 일상에 단비가 됩니다

그대에게
위로가 되어 주는 가로수도
나였으면 좋겠습니다

잔소리

휴일 아침
어김없이 쏟아내는
아내 잔소리

지치고 힘든 일상에서
시간이 멈춘 듯
휴일에는
고요를 탐하고 싶다

하지만
가끔 거슬리는 잔소리
오늘부터
그대 잔소리는, 내 일상의
활력소로 만들어야겠다

의자

오늘은
그대가 지쳐 보입니다

삶에 지친 그대
편히 쉴
의자가 필요합니다

그런데
그대 의자엔
다리 하나가 없네요

그 다리
내 사랑으로 받쳐 드릴게요

햇살

대문 활짝 열어 둔 채
그대가 오기 만을
애타게 기다립니다

그대는 보이지 않고
햇살에 눈이 부십니다

다시 보니
햇살이 그대 미소!
기다린 보람이 있습니다

등대

어두운 바닷길
등대는 바다의 미소
반가운 선물입니다

등대를 보면
언제나 그리움이 묻어납니다

내 마음속
등대는
언제나 그대이니까

김순복

상담학 박사, 경영학 석사
(주)한국강사교육진흥원장, 한국자격교육인증원장
한국강사신문 기자, 칼럼니스트
사)한국청소년지도학회 서울센터장
사)한국강사협회 상임이사
에듀업원격평생교육원 경영정보시스템 운영교수
한국열린사이버대 통합예술치유학과 특임교수
전)경기도교육청 교육행정 공무원
전)오산대학교 마케팅 경영과 외래교수
전)동원대학교 e-비즈니스과&경영과 외래교수
전)경기과학기술대학교 경영학과 외래교수
전)삼상전자(주) 반도체 사업부 행정서무

〈저서〉
「벼랑 끝 활주로」「오늘도 그대 따라 웃습니다」,「그대가 생각나는 시간」,
「가만히 있어도 끌리는 사람」 외 공저 다수
2021년 제주 돌문화공원 디카시 공모전 수상

우산

혼자 쓰는 우산은
쓸쓸한 작은 공간

그대와 함께 쓰는 우산은
설레는 우주 공간!

매일 비가 내렸으면 좋겠다

소풍

봄이 왔나 봐, 봄!
정원의 꽃들이 부른다

수줍은 듯 고개 숙인 할미꽃
가녀린 제비꽃
화려한 명자꽃

꽃잎이 아름다운 앵두꽃
돌 틈에 핀 돌단풍
꽃잔디와 매화

꽃잎마다 그대 모습이 있다
나도 그대 따라 웃는
오늘이 소풍이다

김치와 그대

김치를 먹어야
밥을 먹은 것 같던 내가

그대가 있어야
세상은 살맛이 난다고 했다

밥을 안 먹어도
그대를 보면 배가 부른
진짜 이유가 뭘까?

마침표

세상에 태어난 순간
물음표(?)
일상을 살아가는 시간
느낌표(!)

생을 마감하는 순간
마침표(.)

그대와의 사랑은
무한대

매화

발코니 폴딩도어를
활짝 열었다
내 시선을 빼앗은 매화!

꽃잎마다
그대가 웃고 있다

그러니
끌릴 수밖에…

까치

까치가 울면
반가운 손님이 온다지요

정원에서 날마다
까치가 웁니다

까치처럼
늘~
눈을 뜨면, 그대를
볼 수 있어 좋습니다

장미

정원의 장미 한 그루
봄부터 가을까지 꽃이 핀다

그대 닮은 장미를
가슴에 옮겼더니
겨울에도 꽃을 피운다

365일
가슴에 피는 장미꽃
내 얼굴에
꽃으로 피는 그대!

풍선

종이컵 바닥에 구멍을 뚫고
풍선을 잘라 붙여, 탁구공
튕기는 게임 도구를 만들었다

탁구공을 넣고
목적물을 향해
풍선을 당겨 발사!

시원하게 튕겨 나가는 탁구공
화살처럼 빠른
그대 향한 내 마음 같다

느낌표

느낌표는
나를 움직여 주는
작은 동력!

느낌표에는
끝없는 가능성과
열정이 담겨 있다

느낌표를 얻는 순간마다
원하는 것을 얻기 위해
달려가는 나!

그대에게 가는
속도보다는 느리다

핑계

저마다 사연이 있듯
핑계 없는 무덤은 없다지요

크고 작은 사연을 모아
핑계라는 작은 공간을
가슴에 옮겼습니다

나 자신을 돌보고
나를 위해 열려 있는
작은 아지트

그곳에도
좋아할 수밖에 없는 그대!
그대 웃는 얼굴이 있습니다

주머니

주머니에서 나온 오만 원 지폐
원래 있던 것인데 횡재한 기분

오늘 주머니는
행복이 담긴 보물 창고

"당신 주머니에도
나를 살짝
넣어 볼까?"

텃밭

담장 밑 텃밭에
씨앗을 뿌렸다

싹이 돋으면
우리 사랑처럼
풍성하게 자라나겠지?

"당신, 뭐 심은 거야?"
"자라면 보세요."

김순화

경성대학교 무용학과 학사
경성대학교 체육교육대학원 석사
현대무용단 줌 활동함
신라대학교 평생교육원 전문인력양성과정 외래교수
(주)한국강사교육진흥원 교육위원
노인스포츠지도사
워십 안무가

커피

심심할 때 아이스커피
허전할 때 핫커피
다이어트가 힘들 땐
바닐라라떼

친구도 아니면서
애인은 더 아니면서
커피는 늘
내 곁에 있다

그런 커피
부담 없어 좋다

물병

물이 말했다
물을 먹어야 건강하지

그래서 내가
파트너를 데려왔어
이름은 병

물과 병과 내가 만났으니
더도 덜도 말고
지금처럼
나누며 살고 싶다

그릇

사기그릇
플라스틱 그릇
종이 그릇

그릇마다
장단점이 있는데

그럼
장점 많은 내 인생은
어느 그릇에 담겼을까?

창고

내 마음은 어떤 창고일까?
문을 연다
지금은 어둠뿐

창문을 만든다
햇빛이 들어온다
창고 속
내 모습이 보인다

웃고 있는 내 모습이
참 이쁘다

고속도로

내 인생을
고속도로에서
시동 건다

삶의 속도가 57킬로
100킬로 이상 달려야지

산과 바다를 지나고
일상에 펼쳐진 자연과 함께
남은 인생길을 달린다

안전하게
사고 나지 않고
스트레스 없게
고속도로에 나무를 심는다

그대와 함께
인생을 즐기면서 간다

선물

그동안
선물을 많이 받았다
받은 선물의 귀함을
세월이 흘러서야 알았다

왜 내 삶의 선물을
몰랐을까?

사람은 철이 들면
선물의 소중함을 느끼게 된다

삶 속에서 받은
선물들을 정리한다

눈물, 기쁨, 행복
감사로 포장을 한다

포장한 내 행복의 선물
나에게 다시 선물한다

웃음

기쁠 때 웃음으로 축하해 주고
슬플 때 웃음으로 달래주고

웃음은
만병통치약
입을 크게 벌리고
웃어보자

힘든 일상은
웃음에 담아 멀리 보내고
다시 웃자
하하 하하

사진

사진 속의 나의 모습
사진 속의 너의 모습

너와의 추억
영원히 간직하기에
사진만큼 좋은 게 없다

카메라로 찍고
눈과 마음으로
다시 찍고

누룽지

씹으면 고소하고
끓으면 시원해

밥 지을 때
꼭 누룽지가 있어야 돼
없으면 너무 허전해

누룽지는
당신 생각처럼
나의 소화제

잔소리

할머니 잔소리엔
말대꾸만

엄마 잔소리엔
입 나와서 도망갔지만

자식한테 하는
지금 잔소리!
어쩐지 익숙한
할머니와 엄마의
그때 잔소리

비누

향기로운 냄새
향기로운 거품

무엇이든
깨끗하게 만드는
비누

비누로
조각을 한다
구름, 새, 꽃

향기로운 비누처럼
내 마음에
그대 생각이 조각된다
세상에서 제일 예쁜
그대 얼굴이 된다

배

종이배에
그리움을 실어 보냈다

종이배에 앉아
물소리를 들으며
여행을 떠난다

그리움 속으로
그대 찾아 들어간다

박상아

음악치료 & 웃음치료사
(주)한국강사교육진흥원 교육회원
노인레크레이션 외부강사
라이브카페 운영(연주자)

토끼

토끼장에 토끼가 있다
올해는 토끼의 해

내 안에서
토끼를 내보낸다

곧
자신감으로 돌아온다

난로

고무장갑을 끼고
물에 손을 넣는다

난로처럼
손이 따뜻하다

보고 싶은 마음으로
그리움에
그대 생각을 넣는다

난로처럼
가슴이 따뜻하다

등불

그대 나의
영원한 등불!

생각을 밝히고
바쁜 일상을 밝히고
내 미래까지 밝혀 주는

시계

만날 시간을 기다리게 하는
너는
시계!

날마다
내 안에서
보고 싶은 마음으로
돌아가고 있으니

내가 너를
좋아할 수밖에 없다
사랑할 수밖에 없다

겨울비

눈물이
억수로 쏟아지는 날
겨울비가 내린다

네가 떠나고
찬바람까지 불던 내 안에서
떠난 널 생각한다

가슴이 따뜻해진다
겨울비가 내린다
더 그리워하라며 내린다

입춘

코 끝이 아리게
추운 겨울
보고 싶은 마음에
미소 지으며 다가온 너는

늘 그리운 내 안에
꽃을 피우는
봄의 여신!
입춘이다

보름달

네 모습을
닮고 싶다

모난 곳 없이
두루 베푸는 너처럼
나도 고운 빛이 되고 싶다

그 빛을 보고
늘 그리운 그대!
내 안으로 찾아오게
둥근달이 되고 싶다

만남

너와 나
어디서 왔을까?
물어도 답이 없다

너와의 만남을
세월에 담아
사랑으로 받아들였다

그 사랑이 일상이 되고
삶의 가치를 느끼게 되었다

너와의 만남!
지금처럼 앞으로도
행복으로 이어가야겠다

조약돌

반짝이던
작은 돌

어릴 적
바닷가에서
너를 만져보며 속삭였지

귀엽다
바쁜 일상 속 나처럼
파도에 부딪혀서
이렇게 빛이 나니

공원

너는
모든 사람들의 공간

어쩌면 이렇게 마음이
크고 넓을 수 있니?

이 사람 저 사람
다 받아주는
네 마음이 부럽다

나도 너처럼
큰마음이고 싶다

친구

아옹다옹
소꿉놀이하며
노래하던 친구

너는 어디서
무엇을 하고 있니?
세월 흘러
백발로 지낼지도 모를
네가 그리워
옛 추억 속을 걷는다

고향 마을
골목에서 쏟아져 나오던
바람이 먼저 불고
그 뒤로
환하게 웃는 네가 걸어 나온다

꽃씨

우리 사이에
꽃씨를 묻었지

그 꽃씨가 싹을 틔워
지금 내 앞에
환하게 꽃을 피운 너
내 일상을 향기 나게 만들었지

행복을 담아주며
늘 사랑을 선물하는 너는
영원한 나의 보배!

내 가슴에서
지금도 자라는 너

선상규

건국대학교 일반대학원 경영공학 박사
(주)대신P&S 대표이사, (주)우림P&S 사장
가나안교회 장로, (사)한국기독실업인회(CBMC) 중앙회 재무이사
KAIST 혁신 및 기업가정신 연구센터(CIE포럼) 정회원
(사)중소기업기술혁신협회 부회장 역임

〈저서〉
「그대와 함께라면 어디든 꽃길」
「내 안에 그대라는 꽃」(공저시집)
「사랑으로 꾸는 꿈」(공저시집)

몽돌

처음에는
거칠고 뾰쪽뾰쪽
서로 부딪히고
상처를 내던 돌

서로
부서지고 깎이면서
몽돌이 되듯

우리도, 오랜 세월
서로에게 다듬어진
몽돌 인연 만들며 간다

눈사람

눈이 내려
산과 들에 눈꽃이 피던 날
가족들과 밖에 나가
눈사람을 만들었다

엄마, 아빠, 아이들
서로를 닮은 눈사람이 되고
싱글벙글 웃음꽃이 피었다

마당에는 눈사람이
추억으로 담기고
내 안에는
웃음꽃이 행복으로 담긴다

유통기한

우유를 마시려고
유통기한을 보다가
이런 생각을 했어요

내 안의 '그대 생각'에
유통기한을 적는다면?

평생!

커피

커피를 내리는데
그대 생각이 나요

커피 물을 넣는다는 게
그리움까지 넣었나 봐요

덕분에
그대 생각
실컷 했습니다

별사람

세상에
별보다
많은 사람들

별 볼일 없는 사람
별로인 사람
별 같은 사람
별의별 사람들!

그중에
별보다 빛나는
특☆별한 사람은
내 가슴에 별로 뜬
바로 그대!

밤

밤이 되면
세상이 어둠에 묻히고
하늘에 별과 달만 보인다

내 안에도 그렇다
달과 별로
오롯이 떠 있는
그대!
그대 웃는 얼굴만 보인다

봄맞이

훈훈한 바람
매화, 개나리, 진달래
꽃잎마다 봄을 담고 온다

내 안에도
그대 생각에
훈훈한 바람이 분다

그대가 바로
날 꽃으로 피우는
봄!

봄날

봄 동산에는
예쁜 꽃이
앞다투어 핀다

내 인생의 봄은
그대와 함께한
바로 지금!

나에게 봄은
지금
그대를 봄

조화

차고 덥고
길고 짧고
네모, 세모, 동그라미!

각자
모양이 다르고
온도 차도 있지만

각양각색
틀림 아닌 다름이
서로를 더 빛나게 한다

우리는
서로
별이다

텃밭

씨 뿌린 텃밭
오이, 고추, 상추
야채들이 풍성하다

갓 따온 야채를
맛있게 먹는데
그대 생각 간절하다

텃밭에
씨를 뿌릴 때
그대 생각도 함께 뿌렸나?

생일

나이 숫자만큼
케이크에 초를 꽂고
생일 파티를 한다

촛불의 숫자만큼
촛불의 밝기만큼
주변이 좀 더 밝아지고
어둠이 사라지듯

내 나이 연륜만큼
세상이 좀 더 밝아지고
그 불빛으로
그대 가슴에 등불이 되고 싶다

봄꽃

찬바람 이겨내고
꽃과 향기로
태어난 매화처럼

서둘러 나와
흐드러지게 피었다가
꽃비로 내리며
봄을 즐기는 벚꽃처럼

꽃과 향기로
꽃비로
그대에게
봄소식이 되고 싶다

이제 봄!
꽃처럼 웃는
그대를 만나고 싶다

이미경

문학석사, 부모교육전문가
(주)한국강사교육진흥원 교육운영본부장
늘품심리상담연구소 대표

〈저서〉
『놀이와 영유아교육』(전공서)
『그대 사랑처럼, 그대 향기처럼』(공저시집)

창고

그대 향한 마음
차곡차곡 넣어 둔
마음 창고에 들어섭니다

그런데
어쩌지요?
창고가 가득차
이미 만원이니!

아파트

엘리베이터 안
술 냄새에
얼굴이 찡그려지네요

막걸리 한 상자!
"필요하신 분 가져가세요
너무 많아 나눕니다."

찡그렸던 얼굴에
꽃이 핀다

네 잎 클로버

세 잎 클로버 꽃말은 행복
네 잎 클로버 꽃말은 행운이지요

내게 행복을 준 그대는
세 잎 클로버!

난
그대의 네 잎 클로버!

딸의 꿈

"키가 크려고 그러는 거야!"

어릴 적
높은 곳에서
떨어지는 꿈을 꾸면
토닥이며 달래주던 엄마!

훌쩍 자란 딸의 꿈
"엄마, 건강하게
내 곁에 있어 주세요."

양파

양파를 썰면
나도 모르게
눈물이 나요

그대를 보면
나도 모르게
미소가 나와요

나를
웃게 만드는 그대
그대를
사랑합니다!

첫사랑

처음 사랑!

두근두근
안 보면 보고 싶고
곁에 있으면 행복하고

아가에게 엄마는
첫사랑
늘
큰 사랑!

사랑나무

그대를
처음 만난 날
내 마음에
작은 나무 한 그루 심었습니다

행복 속에서
꿋꿋이 자란 나무는
열매를 맺기 시작했습니다

그 열매 이름은
'사랑'

놀이터

걸음마 아기가
놀이터에 나옵니다

처음 나들이에
엄마와 아기가 설렙니다

사랑이 담겨야 할
아기의 세상!
이제
시작입니다

재활용

모든 물건에는
쓰임이 있습니다

그 쓰임이 다하면
재활용을 통해
다시 쓰이게 됩니다

하지만
그대 사랑은
재활용이 없습니다
기한부터 없습니다

신호등

빨간 신호등에
가슴이 설렙니다

색이 바뀌면
그대!
내게 올 테니까요

마중 나간
내 마음은
늘 초록 신호등!

이미경

이상한 안경

어린 시절
안경이 쓰고 싶어
잘 안 보인다고
거짓말을 했었지요

알면서도 모르는 척
안경을 맞춰 주신 엄마

엄마의 사랑은
왜 이제야 보이지요?

아빠의 모자

일평생
모자라고는
'군모'만 써 보았다는 아빠

폐암으로
머리카락 빠지고
기운이 없어진 아빠는
딸이 씌워 준
모자 하나에 웃고 계십니다

그 모습에
나도 웃었습니다

조 순

국민대학교 리더십과코칭전공 석사
한국문예춘추문인협회 자문위원
행정안전부장관상 수상
CHO_COACH코칭센터 대표
(주)한국강사교육진흥원 선임연구원
KCA사)한국코치협회 인증자격 KPC
KCA사)한국코치협회 사업위원
전)원주소방서흥업여성의용소방대장

꿈

내 꿈은 선생님!
아이들이 종알거린다

내 꿈은 거리의 악사!
몸을 휘어감고 춤을 춘다

내 꿈은 화가!
은빛 물결 위에 푸른 파도가 춤을 춘다

하지만 그 꿈의
마지막에는 늘 웃음이 있었다

아쉬움이 만든 웃음
행복해서 웃는 웃음

보름달

보름달을 보면 엄마가 생각난다
엄마는 뜨거운 가슴이다

보름달이 밝다
엄마 얼굴로 웃는 달!

보름달을 가슴에 담았다
엄마 얼굴로 담겼다

오솔길

사그락사그락
친구들과
낙엽을 밟고 걷는다

고향 마을에
오솔길이 있었다

내 안에서
소나무 향이 담긴
그 오솔길을 꺼낸다

당신과 함께 걷는다

구멍 난 양말

사랑으로
양말을 꿰매는 엄마!
한 세월 흘렀어도
엄마 사랑은 닳지 않는다

기억 속에 담긴
그때
구멍 난 양말 사이로
엄마 얼굴이 보인다

모든 어리광을
다 받아줄 것 같은
엄마 얼굴!

꽃씨

꽃씨 하나 심었더니
봉숭아꽃 피었네

곱게 갈아
손톱에 올려놓았네

첫눈 내릴 때까지 이어지면
첫사랑이 이루어진다 했는데

그립다
첫사랑 그대
내 어머니!

항구

바다는 하늘을 기다리고
사람들은
떠난 사랑을 기다리고

흘러가는 시간을
되돌려 놓는 항구

항구는 사랑과 그리움
희망까지 가득 담긴 곳

그중에도
당신 기다림이
가장 크게 담긴 곳

겨울나무

가던 길 멈추고
눈꽃을 보고 있다
겨울나무가
친구라고 소개해서

하얀 눈꽃이
내 볼을 차갑게
어루만지며 속삭인다

그대를 위한
봄을 선물하겠다고!

다시 길을 간다
봄 속으로 들어간다

모자

내가 선택한
빨간 모자
모자 속에 용기를 담는다

모자를 쓰면서
자신감 있게 말한다
"나는 할 수 있어!"

모자는
나에게 큰 힘이 된다
네 삶에 행복을 준다

갈대

바람이 불면
갈대는 춤을 추고
우아함을 뽐낸다

흔들리는
갈대를 보면서
그대를 생각한다

바람 불 듯
바쁜 일상에서
늘 놓지 않았던 그대

갈대가 흔들린다
흔들려도 늘 그 자리
그대를 만난다

조약돌

시간이 지나도 변하지 않는
조약돌
언제나 그 자리에 있다

단단한 모습에
감탄을 하게 만들다가
빛나는 모습으로 유혹하는 조약돌

그대여
조금만 더 힘을 내요
바닷물에 밀려온 조약돌처럼
우리 함께
앞으로 나아가요

지평선

끝을 알 수 없는 지평선
먼바다 끝!

저 멀리 불어오는 바람 소리도
바다 위 작은 선박도
저녁노을까지도
나의 존재를 바라본다

들판보다
바다보다 더 넓은
그대 생각이 궁금한지
넋을 놓고 본다

동굴

불빛 하나로 밝힌
작고 구석진 곳

어두운 느낌으로
차가운 서러움이
긴 터널을 지나간다

낯익은 발자국 소리가 들린다
고요함이 지워지고
자연의 아름다움!
그대가 오고 있다

주지원

언어치료, 유아교육 석사 졸업
통합 재활 박사 수료
현)장애 전문 어린이집 원장
(주)한국강사교육진흥원 교육위원
보건복지부 장관 표창

〈강의 분야〉
발달이 늦은 아이 부모 교육
발달이 늦은 영·유아 통합 소그룹 치료
특수아동 지도사
유·초·중·고 학습도움반 특수교육실무원 교육

콩깍지

많은 사람 중에
당신만 보여서
사랑의 콩깍지 씌었지요

참새처럼 떠들어도
끝까지 들어주고
재미없는 이야기도
웃음으로 받아주고

아직도 콩깍지
못 벗는 이유는
무조건 내 편인 당신이
누구보다 멋져서
내 안이
콩밭으로 남아 있어서입니다

그대 생각만 담긴
커다란 콩밭으로 말입니다

친정아버지

요양원에 계시는 아버지
토요일 오전 8시
전화벨이 울린다

"아버지, 아침 식사는요?"
"먹었다."
"지금은 뭐 하세요?"
"장 본다."
"병원 편의점 가셨어요?"
"아니, 천장 보고
벽장 보고 옷장 본다.
너 오면
빨리 집에 가려고."

나만의 휴일

시간의 제약을
받지 않아서 좋다

하고 싶은 일을
할 수 있어 좋고
하기 싫은 일은
미룰 수 있어 좋다

누구의 방해도 받지 않고
온전히 나만을 위한 시간
그대를 마음껏
그리워할 수 있어 좋다

휴일이다
그리움이 부지런 떨어야 하는
휴일이다

아침 출근 시간

옷 입으며 밥 한 숟가락
양말 신으며 또 한 숟가락

재빠른 손놀림으로
화장품 뚜껑 열고
크림 얼굴에 톡톡

이 방 저 방 동동거리며
핸드백 찾고
자동차 키 챙기고
첫 번째 적색 신호등 앞에서
양쪽 눈썹 쓱쓱

두 번째 적색 신호등에서
립스틱 바르고
양 입술 뽀뽀

완벽한 출근 화장 완성
바쁘다 예쁘다
그냥 그대나 만나러 갈까?

고백

3월 첫 주는 햇살이 좋았습니다
꽃이 피기 시작하는 휴일
하늘은 시샘하듯
예고 없이 비바람을 뿌립니다

우산 위
빗방울 소리 따라
꽃길을 걷습니다

나비처럼 날개가 달려
당신 계신 곳으로
날아가고 싶습니다

그대를 만나면
늘 그리웠다고
말해야겠습니다

황사와 안개

황사 경보 사흘째
안개와 황사가 뭉쳤다
비상등 켠 차들
움직임조차 흐리다

30분 넘게 달린
그 길 끝에
안개가 걷혔다

계란 속 노른자처럼
해가 나타난다
웃는 그대 얼굴이 보인다

이제 행복이다

핑계

전화와
문자로도
할 수 있는 말
만나서 얼굴 보고
해야 한다며
일방적 약속을 정해 버렸다

무슨 핑계를 대야만
보고 싶은 마음 들키지 않을까?

성형외과

얼굴 화상 치료 9회차
검갈색 자국이 희미해졌다
의사는 착한 환자라 칭찬하며
자신의 치료 기술에 감탄했다

"선생님!
제 팔자 주름도 지워 주세요."
"아기 같은 피부에
팔자 주름까지
그럼 서른 살?
남편과 상의 후 다시 오세요!"

세월의 흔적까지 지우고
나이를 거꾸로 돌려
정말 예뻐지면 내 모습 보러
멀리 있는 당신이
날 보러 올 수 있을까?

첫사랑

새봄에 피는 진달래를 보면
꿈같았던 그때 생각이 납니다

설레다가
아쉽고
안타깝게 만들던
이 세상 전부였던 사람!

처음이라
첫사랑으로 자리 잡은
기억 속 추억
그리고 당신

다이어트 체중계

아침은 두부 반 모
저녁은 계란 흰자 두 개
토마토, 오이는
오전 오후 간식

일주일 동안
씹고 삼키는 즐거움도 없이
달콤하고 짭짤한
외식 유혹까지 참아내고
조심스레 체중계에 발을 올렸다

"야! 너 고장이니?"

'숨쉬기만 하지 말고
걷기 운동이라도 해 보시던지…'

체중계에서
혼잣말 소리가 들렸다

샛바람소리길[*]

신선한 바닷바람이
수천 개 수선화를 피웠습니다

그대 만났던
대나무 오솔길이라
더 예쁩니다

내 그리움에
발길을 옮겼습니다
벚꽃이 피었습니다
그대 웃는 얼굴로 피었습니다

* 경남 거제시 일운면 구조라성 가는 시릿대 대나무 오솔길

사량도* 여행

여행을 꿈꾸는 봄
비 오고 바람 불어도
여객선 출발 가능

비 오면 오는 대로
바람 불면 부는 대로
마음은 벌써
사량도에 도착

"그대도 와 있지요?"

나를 실은 배는
바다를 달리고
보고 싶은 마음은
그리움을 앞서 달리고
사량도 차도를 달리고

* 경남 통영시 사량면에 있는 섬

주 지 원

최현아

교육학 박사 수료, 두뇌개발상담학 박사 수료
한국진로학습상담센터 대표
바르게하다 교육연구소 대표
(주)한국강사교육진흥원 수석연구원
국가공인 브레인트레이너, 감정노동관리지도사
청소년 진로상담, 진로컨설턴트
직장인 스트레스관리 및 역량강화 전문강사
시니어 치매예방 힐링뇌체조, 청춘어게인 진로컨설팅
진로유공 대통령 표창, 우수교원 교육부장관상 수상

대나무

텅 빈 속
마디마디 옹이는

그대 향해 다 쏟고
비어도 좋은
내 마음

느낌표

처음 만났을 때
그대는 물음표(?)

화가 났을 때
그대는 말줄임표(…)

사랑한다 말할 때
그대는 따옴표(" ")

모든 것을 담아주는
지금은
오직 느낌표(!)

사랑 자석

같은 극은 밀어내고
다른 극은 당기는 자석

지구도 커다란 자석이래
그래서 물건들이
땅을 향하고 있대

당신을 향해 끌려가는
내 마음을 보면

그대도
커다란 자석이 분명해

꽃밭

노오란 채송화에
벌이 날아왔다

아침마다 물 주고
가꾸는 당신의 정성에
내 마음에도
꽃이 활짝 피었다

이제
당신이 벌이 되어
날아올 차례!

화분

묵혀 둔 화분에서
새싹이 돋아났다
언제
촉이 텄을까?

마음 깊이 품고 있다
살며시 고개 내민 그리움

닮았다
똑 닮았다

"자기야, 사랑해!"

자전거

고글에 헬멧을 쓰고
서해안 해변을 달린다

그대와 함께 달리는 자전거
섬이 따라온다
붉은 저녁해가 따라온다

우리 인생길도
그대와 함께 달리면
건강이 따라오겠지
행복도 따라오겠지

당구

휠체어 타고도 할 수 있는 운동이
당구랍니다

오늘도 당신 따라
큐대를 잡습니다

휘어져 돌아가는 공이
내 마음에 닿는 느낌!
당신 손길 같습니다

우리 함께 해요
휠체어 타고 당구할 그때까지

고무장갑

설거지하다가
고무장갑에 구멍이 났는데
마트에 다녀온 남편이
새 장갑을 내민다

장갑 속 두 손이
밝게 웃는다
젖은 손 걱정하는
그대 사랑도 함께 웃는다

사랑

씨 바르기 싫다고
수박 안 먹는 딸

골라 먹기 힘들다고
포도 안 먹는 아들

수박과 포도!
모두 좋아하는 엄마는
과일 상점 지나

딸과 아들이 좋아하는
아이스크림 집어든다

항아리

장맛비가
장독대 항아리를 씻어 준다

정화수 떠놓고 빌던 마음
구수한 된장 담아 건네주던 마음

빗물처럼
그리움으로 씻어 내린 항아리에
엄마가 웃는다
그리운 엄마가!

은행나무

할아버지 묘소 옆에
커다란 은행나무

해마다 굵은 열매
선물로 받는다

아침마다 은행 몇 알
식탁에 오르면

할아버지가 웃고 계셨지
우리 가족 얼굴에 웃음꽃이 피었지

"할아버지! 고맙습니다."

참기름

농사지은 거라고
참기름 한 병 내미는 정

퇴직 후 작은 텃밭 일구면서
웃음꽃 피우는 언니와 형부

갖은 나물 비빔밥에
참기름 두 방울
고마운 마음도 함께 비빈다

참기름처럼 우리도
고소하게 익어 갈게요

홍유경

어린이 영어 전문 영어유치원 운영
(주)한국강사교육진흥원 교육위원
꿈 찾기 전문강사
심리상담, 중독상담
초·중·고등학교 진로, 인성, 독서치료
4차산업혁명 창업교육, 자기주도학습, 회복탄력성, 진로지도
그릿(자기조절력/자기동기력/대인관계력), 감정코칭 등
제1회 감성시 공모전 대상 수상

〈저서〉
『그대 사랑처럼, 그대 향기처럼』(공저시집)
『글 한 잔 할래요』(공저에세이)

눈

눈을 보면
그 사람의 마음을
알 수 있다지요?

내 눈에는
웃고 있는 당신이 있고
당신 눈엔
행복한 내가 있으니까요

그런데
나 어떡하죠?
눈 감아도
당신이 자꾸 보이는데

토끼

토끼는
발 빠르고
재치 있다지요

그럼 당신!
토끼를 닮았네요

언제나 나를 위해
빠르게 달려오고
재치 있게
날 웃게 만드니까요

자라는 중

성장판은
멈추었지만

당신 사랑하는 마음은
멈출 수가 없습니다

그래서
지금도
아프도록 보고 싶어요

파스타

파스타 면을
포크에 돌돌 말아
한 입 먹었습니다
쫄깃하고 고소한 맛!

마늘, 치즈, 해산물…
다양한 재료가
맛의 풍미를 살립니다

내 옆에
당신까지 있어
활력이 넘칩니다
삶의 맛을 더해 갑니다

카멜레온

카멜레온은
다양한 색으로, 주변과
잘 어울립니다

슬플 때 같이 슬퍼하고
기쁠 때 자기 일처럼
축하해 주는 당신!

당신은
카멜레온처럼
예측불허인 삶을
항상 응원하고
사랑으로 감싸주고 있습니다

내 삶에
당신은
카멜레온이 맞습니다

비타민

나이가 들면서
밥 먹는 것처럼
챙겨 먹는 영양제

비타민, 유산균, 칼슘
오메가3, 마그네슘
종류가 다양합니다

힘내요, 당신!
비타민처럼 웃게 해서
면역력과 활력을 높여 주는
내가 있잖아요!

연애

연애는
좋아하는 사람이
아니라

특별한 사람과
하고 싶습니다

잊지 마세요!

당신은 나에게
눈이 부시도록
특별하다는 것을

보름달

당신 옆에 있으면
밤도 낮 같아요
당신 웃는 모습도 달
그 모습 보고
따라 웃는 나도 달!

정답

수학 문제에는
딱 떨어지는
정답이 있습니다

하지만 인생은
모범답안만 있을 뿐
선택은 늘 나의 몫이었습니다

당신을
마음에 담은 것이
정답이었다는 것을
살아보고 알았습니다

케이크

몸이 힘들고
머리가 복잡할 때

커피와 함께
케이크를 먹으면
기분이 한결 좋아집니다

하지만
케이크보다 더 달콤한
당신을 보면

그냥!
모든 문제가 다 풀립니다
마음이 가뿐해져
날아갈 것 같아집니다

행복한 걱정

아기는
우유를 잘 먹이면
쑥쑥 자리고

아이들은
칭찬을 많이 해 주면
쑥쑥 자라고

그럼, 나는?

당신의 사랑과 관심으로
지금도 자라고 있습니다
이러다
거인 되면 어쩌죠?

스위치

스위치를 누릅니다
전등이 켜지고
어둠이 사라집니다

힘들 때마다
"다 잘될 거야!"
당신 응원에 힘이 솟습니다

오늘도
스위치를 누릅니다
근심 걱정 사라지고
그대 웃는 얼굴이 보입니다

공저시집을 내며

●● 시를 쓴다는 것은 일상에서의 통찰력을 통해 자신의 삶을 정화하고 가족과 주위 사람들과 사랑과 위로의 마음을 나누는 과정입니다. 때론 복잡하고 힘겨운 세상에서 삶에 지친 우리에게 잠시나마 위안과 쉼이 되고 미래를 꿈꾸며 희망과 응원을 보내는 의미 있는 시간이었습니다. 감성시를 만나고 공저시집을 발간할 수 있도록 열정적으로 지도해 주신 윤보영 시인님과 함께 감성시로의 여행에 동행하신 문우님들께 감사드립니다. _김선규

●● 10기를 맞이하여 10명의 시인들과 공저시집을 출간하게 되었습니다. 윤보영 교수님의 헌신적인 재능기부가 없었다면 불가능한 일이었습니다. 윤보영 교수님처럼 감성시를 통해 세상을 아름답게 물들여 가는 감성시인으로 거듭나겠습니다. 나로 하여금 누군가 긍정적인 바람직한 방향으로 변화된다는 것은 세상에서 가장 가치로운 일입니다. 감성시를 접하다 보면 이 세상 모든 만물이 연인이고 친구가 되어 가슴속에 몽글몽글 행복이 피어오릅니다. _김순복

●● 예술을 하면서 시를 읽으며 상상의 날개를 몸으로 표현하며 지내다 명품강사로 공부하면서 감성시를 만나게 되었습니다. 몸으로 표현하는 저는 감성시 글로 표현하기가 흥미로웠습니다. 마음속 느낌을 감성으로 표현한다는 것은 인생을 뒤돌아보며 많은 감성들이 웃음 짓게 눈물 짓게 합니다. 감성시를 쓰면서 나의 인생을, 다른 분들의 인생을 감성시로 보며 많은 것을 느끼며 행복하고 감사했습니다. _김순화

●● 감성시를 접하고 배우면서 많은 것을 느끼고 또 다른 나를 발견했습니다. 또한 10기 시인님들의 따뜻한 온정으로 여기에 와 있음을 감사드립니다. 윤보영 교수님, 김순복 시인님, 김선규 시인님께 눈물 나도록 감사합니다. 급작스러운 개인 사정으로 온전히 수업에 집중할 수 없었고 포기할까 고민하는 상황에서도 끝까지 손을 잡고 이끌어 주셔서 진심으로 감사합니다. 앞으로도 많이 배우고 깨우치며 가겠습니다. _박상아

●● 시는 제게 기쁨을 주고 맑은 영혼을 만들어 주는 좋은 친구입니다. 시는 마음속 깊숙이 간직한 고운 생각, 꿈, 사랑, 감사, 위로… 여러 소중한 생각들을 담는 마음의 노래이고 고백입니다. 일상이 시가 되도록 지도해 주신 윤보영 교수님께 감사드립니다. 또한, 얼굴 한 번 제대로 못 뵙고 온라인으로 함께하며 동인시집을 내게 되는 시인님들과의 인연에도 감사드립니다. _선상규

●● 2022년 『그대 사랑처럼, 그대 향기처럼』 공저시집을 발간하며 두근거리던 마음을 잊지 못한다. 세상에! 2023년 윤보영시인학교에서 만난 소중한 시인들과 공저시집이라니!! 감성시를 쓰는 시간, 읽는 시간만큼은 누구보다 행복한 사람이 된다. 함께여서 더 소중한 공저시집! 두근두근. 기다려본다.

_이미경

●● 주어진 시간을 성장과 변화로 만들어 가는 나의 삶, 인생의 새로운 도전! 귀한 분들과 감성시 쓰기를 하면서 나도 할 수 있다는 자신감으로 도전해 보았습니다. 엉성하고 미숙한 단어들의 조합을 감성시로 만들어 쓸 수 있도록 지도해 주신 윤보영 시인님께 진심으로 감사드립니다. **_조 순**

●● 시 쓰기에 대한 막연한 꿈이 귀한 인연으로 첫발을 내디뎠습니다. 발달지연 아이들과의 생활은 보람되고 기쁜 일도 많지만 슬픔과 안타까움이 공존하기도 합니다. 감성시를 쓰기 위해 예쁜 말을 쓰며 행복해하는 저를 발견했습니다. 함께해 주신 시인님들과 윤보영 시인님께 진심으로 감사드립니다.

_주지원

●● 말로 하기도 어려운 것을 글로 표현합니다. 그것도 여운을 남기는 감성시로, 이런 내가 자랑스럽습니다. 퇴직 후 무료해지기 쉬운 일상에 새로운 활력을 불어넣습니다. 삶을 다시 돌아보게 되고, 지금의 생활이 더 진지해지고, 세상을 보는 눈이 더 사랑스러워지고 웃는 날이 더 많아졌습니다. 지도교수님과 동료들 덕분에 발만 담그고 있었는데 어느새 감성시에 흠뻑 젖어들었네요. 나의 마음이 책으로 만들어지는 행복한 이 경험은 잊지 못할 추억으로 남겠죠? _최현아

●● 당신이 사무치도록 보고 싶을 때, 보고 싶은 마음, 사랑하는 마음, 그리운 마음을 쓴 메모가 시가 되어 외롭고 슬픈 나의 마음을 토닥이며 위로해 주었습니다. 시를 쓰며 못다 한 사랑을 고백하고, 그리운 마음, 감사한 마음을 전할 수 있어 행복했습니다. 함께한 시인님들과 열정적으로 지도해 주신 윤보영 교수님께 감사드립니다. _홍유경

내 안에
꽃으로 핀
그대